Escravidão e Cidadania no
Brasil Monárquico

Hebe Maria Mattos

Escravidão e Cidadania no Brasil Monárquico

2ª reimpressão

ZAHAR

Jorge Zahar Editor Ltda.
rua Marquês de S. Vicente 99 – 1º
22451-041 Rio de Janeiro, RJ
tel (21) 2529-4750 / fax (21) 2529-4750
editora@zahar.com.br
www.zahar.com.br

Capa: Carol Sá e Sérgio Campante
Ilustração da capa: Pano de boca para representação
no Teatro da Corte por ocasião da coroação
de D. Pedro I. Desenho de Debret.
Vinheta da coleção: ilustração de Debret

Composição eletrônica: TopTextos Edições Gráficas Ltda.

2ª reimpressão: 2013

CIP-Brasil. Catalogação-na-fonte
Sindicato Nacional dos Editores de Livros, RJ.

Mattos, Hebe Maria
M391e Escravidão e cidadania no Brasil Monárquico / Hebe Maria Mattos. — Rio de Janeiro: Zahar, 2000.
: il.. — (Descobrindo o Brasil)

Inclui bibliografia
ISBN 978-85-7110-533-1

1. Brasil – História – Império, 1822-1889. 2. Escravidão – Brasil. 3. Brasil – Questão racial – História. 4. Cidadania – Brasil. I. Título. II. Série.

CDD: 981.04
04-2309 CDU: 94(81)"1822/1889"

Sumário

Créditos das ilustrações

1. Antônio Pereira Rebouças. Fotografia extraída de *Lives in Between*, de Leo Spitzer.

2. Luiz Gama. Fotografia de Militão Augusto de Azevedo.

3. José do Patrocínio. Arquivo do Museu Imperial, Petrópolis.

4. André Rebouças. Arquivo do Museu Imperial, Petrópolis.

5. Soldados. Desenho de Debret.

6. Batismo de escravas. Desenho de Debret.

7. Escravo. Fotografia de Christiano Jr. Extraída de *Escravos brasileiros do século XIX na fotografia de Christiano Júnior*, de P.C. de Azevedo e M. Lissovsky.

8. Casal de negros livres ou libertos. Fotografia de Militão Augusto de Azevedo. Extraída de *O olhar europeu – o negro na iconografia brasileira do século XIX*, de Boris Kossoy e M. Tucci Carneiro.

Introdução

Este livro se propõe a discutir as relações entre identidade racial, escravidão e cidadania no Brasil oitocentista. Pode parecer estranho, aos olhos de hoje, relacionar termos aparentemente tão antagônicos quanto cidadania e escravidão, mas, de fato, quando pela primeira vez se definiu uma "cidadania brasileira" e os direitos a ela vinculados, quando da emancipação política do país em 1822, o Brasil comportava uma das maiores populações escravas das Américas, juntamente com a maior população livre afro-descendente do continente.

Naquela ocasião, quando o Brasil surgia como nação moderna no mundo ocidental, a opção por uma monarquia constitucional de base liberal teoricamente considerava todos os homens cidadãos livres e iguais. Apesar disso, a instituição da escravidão permaneceu inalterada, garantida que era pelo direito de propriedade reconhecido na nova Constituição. Freqüentemente esta tem sido apontada como uma distorção típica do processo de emancipação política do Brasil, que teria se feito sob a égide do Príncipe português e sob o controle de proprietários de escravos. Nesse contexto, a manutenção da escravidão se tornaria o principal limite do pensamento liberal no Brasil, na chamada geração da Independência. Em algumas interpretações mais radicais, o liberalismo no Brasil monárquico seria considerado até mesmo como uma simples importação artificial de idéias européias que, para além da defesa do livre comércio, pouco se adequavam à realidade brasileira.

Antes da experiência brasileira, entretanto, no processo de Independência dos Estados Unidos, quando pela primeira vez a noção de cidadania foi definida em termos práticos, na esteira das revoluções liberais, também ali ela se fez estreitamente relacionada com a temática da escravidão, na medida em que eram proprietários escravistas todos os principais líderes da Revolução Americana, de George Washington a Thomas Jefferson. Com muita freqüência, a questão da escravidão na Revolução Americana tende a ser apresentada como uma questão menor, de caráter regional, antecipando-se para o século XVIII a divisão entre sul e norte — que só se consolidaria nas primeiras décadas do século XIX. Na verdade, na Virgínia, onde se reuniam as principais lideranças do processo, concentrava-se também o principal núcleo dos interesses escravistas das treze colônias, dedicado à produção de tabaco, e que tinha em George Washington, proprietário e residente em uma *plantation* com mais de 300 escravos, um de seus principais representantes. Para além disso, as colônias mais ao norte, se não se configuravam em finais do século XVIII como sociedades baseadas no trabalho escravo, podiam ser caracterizadas como sociedades "com escravos", mesmo que não tão dependentes dos trabalhos destes, e assim permaneceram por algumas décadas após a independência.

Apesar disso, a Declaração de Independência dos Estados Unidos da América, de forma pioneira, declararia que todos os homens nasciam livres e iguais e tinham direito à vida, à liberdade e à busca da felicidade. Nesse contexto, mesmo sem realizar uma abolição imediata da escravidão, nos anos que se seguiram à guerra de independência, alargaram-se como nunca as possibilidades de alforria nas antigas treze colônias; surgiram até mesmo petições de escravos que, embasados na Declaração de Independência, argumentavam diretamente por suas liberdades. Processos muito semelhantes aos que ocorreram no Brasil nas décadas que se seguiram ao "grito do Ipiranga", como veremos a seguir.

É preciso, portanto, deixar claro que o conhecido dilema entre a assertiva de que os homens nasciam livres e iguais reconhecida pelo liberalismo e a manutenção da escravidão, sob a égide de Constituições liberais, não foi específico do Brasil de 1822, mas se desenrolou em toda a Afro-América, inclusive nas colônias escravistas inglesas e francesas, no contexto das chamadas Revoluções Atlânticas.

Apesar da multiplicidade de processos específicos e da complexidade dos conflitos em jogo, pode-se delinear uma tendência geral de equacionamento do dilema nos novos países que se formavam sob a égide da ideologia liberal, a partir de três encaminhamentos básicos: 1) a manutenção da escravidão com base no direito de propriedade; 2) a proibição do tráfico africano; 3) a emancipação progressiva através de leis que libertavam os nascituros (ventre-livre), ou de experiências de transição regulada, sempre com indenização aos proprietários. De um modo ou de outro, por tortuosos e diferentes caminhos, após 1848 a escravidão havia sido abolida em praticamente toda a América. Mantinha-se, ainda, apenas naquelas áreas que permaneciam sob o jugo colonial espanhol (Cuba, Porto Rico), portanto fora da influência das teorias liberais, e em dois países independentes: Brasil e Estados Unidos (apenas nos estados do Sul). Assim, são o vigor e o dinamismo da economia escravista no Brasil e no sul dos Estados Unidos durante a primeira metade do século XIX que emprestam um caráter específico ao dilema liberal neste dois países, requerendo soluções mais específicas.

Ainda no século XVIII, como governador da Virgínia, Thomas Jefferson anteciparia a solução norte-americana para o problema. Propondo a abolição do cativeiro na Virgínia (o que não se realizaria), ele defenderia, entretanto, que os libertos deixassem o seu território, tendo em vista o "preconceito do homem branco", e "as ofensas que haviam sofrido", mas também a "diferença de raça", ou seja, as "distinções reais que a própria natureza havia criado" e que fariam os negros "menos afeitos ao pensamento criativo e à inovação". Até então, as diversas sociedades do chamado Antigo Regime, bem como o cristianismo católico ou protestante, de uma maneira geral, com exceção de alguns grupos protestantes específicos — como os *quackers* — não tinham maiores problemas teóricos ou morais com a escravidão africana, que permitiria aos bárbaros oriundos deste continente conhecerem a verdadeira religião. Acreditavam, entretanto, na igualdade de todos perante o Criador. As sociedades do Antigo Regime naturalizavam, como construções divinas, as desigualdades sociais, e assim a montagem de sociedades escravistas nas Américas não chegava a destoar deste quadro. Nesse contexto, apesar de as diferenças de cor e características físicas reforçarem as marcas hierárquicas nas sociedades escravocratas, elas não eram necessárias para justificar a existência da escravidão.

A noção de raça e a da desigualdade entre elas são construções do pensamento científico europeu e norte-americano surgidas apenas no século XIX, mesmo que já aparecessem, de forma embrionária, em alguns escritos do século XVIII, como as considerações de Thomas Jefferson. É a partir da primeira metade do século XIX, especialmente nos Estados Unidos, que até mesmo a origem comum da espécie humana passa a ser questionada (poligenismo), num dilema que só seria superado com a adoção da perspectiva da seleção natural (a partir da teoria darwinista, capaz de conciliar a idéia de uma origem comum com uma extrema e seletiva diferenciação natural). Desde então, durante todo o século XIX, a partir de uma argumentação biologizante, as teorias raciais permitiriam novamente naturalizar algumas das desigualdades sociais — aquelas que incidiam sobre grupos considerados racialmente inferiores —, justificando a restrição dos direitos civis inerentes às novas concepções de cidadania requeridas pelo liberalismo, bem como a nova expansão colonialista européia sobre a África e a Ásia. O sucesso da noção de raça e das teorias raciais nos Estados Unidos do segundo quartel do século XIX é absoluto, permitindo a imposição de progressivas limitações aos direitos civis dos descendentes de africanos livres, assim como restrições legais ao acesso à alforria nos estados escravistas.

O que estou buscando demonstrar é que não apenas o conceito de raça é uma construção do século XIX, mas também a "racialização" da justificativa da escravidão americana. Ela se tornou a contrapartida possível à generalização de uma concepção universalizante de direitos do cidadão em sociedades que não reuniam condições políticas efetivas para realizá-la permitindo, em diversos contextos, o estabelecimento de restrições aos direitos civis de determinados grupos considerados racialmente inferiores, bem como a legitimação da própria manutenção da escravidão no sul dos Estados Unidos, associada a um progressivo fechamento das possibilidades de alforria. A noção de raça é assim uma construção social do século XIX, estreitamente ligada, no continente americano, às contradições entre os direitos civis e políticos inerentes à cidadania estabelecida pelos novos estados liberais e o longo processo de abolição do cativeiro.

Posso agora, portanto, complicar nossa questão inicial. Como já dissemos, quando pela primeira vez se definiu uma "cidadania brasileira" — na ocasião da emancipação política do país, em 1822 —, o Brasil comportava não apenas uma das maiores populações escravas das Américas, mas também a maior população de descendentes livres de africanos do continente. Raça e cidadania são duas noções construídas de forma interligada no continente americano, ao longo do século XIX, em estreita relação com o dilema teórico entre liberalismo e escravidão. Diante deste fato, como as noções de raça e de cidadania foram articuladas no Império brasileiro para dar conta daquelas duas realidades demográficas essenciais da realidade do jovem país? É o que vamos tentar acompanhar nas páginas que se seguem.

Escravidão e cidadania

Afirmar que a legitimação da escravidão moderna não se fez em bases raciais não implica considerar que estigmas e distinções apoiados na ascendência deixassem de estar presentes nas sociedades do Antigo Regime, em especial no Império Português. O estatuto da pureza de sangue em Portugal — limitando o acesso a cargos públicos, eclesiásticos e a títulos honoríficos aos chamados cristãos velhos (famílias que já seriam católicas há pelo menos quatro gerações) — remonta às Ordenações Afonsinas (1446-47), que excluíam os descendentes de mouros e judeus. As Ordenações Manuelinas (1514-21) estenderiam as restrições também aos descendentes de ciganos e indígenas, e as Ordenações Filipinas (1603) acrescentariam à lista de exclusão os negros e mulatos. Em 1776, Pombal revogaria as restrições aos descendentes de judeus, mouros e indígenas, mas, no tocante aos descendentes de africanos, as restrições só seriam rompidas no Brasil pela Constituição de 1824, que pela primeira vez definiu os direitos inerentes à cidadania brasileira.

O estatuto da pureza de sangue, apesar de sua base religiosa, construía uma estigmatização baseada na ascendência, de caráter proto-racial — que, entretanto, era usada não para justificar a escravidão, mas antes para garantir os privilégios e a honra da nobreza, formada por cristãos velhos, no mundo dos homens *livres*. O Império Português, como sociedade do Antigo Regime, entendia como desígnios divinos as hierarquias sociais, do direito divino do rei à pureza de sangue da nobreza formada por cristãos velhos. Assim, todos os súditos do rei tinham seu lugar social, e, nele, eram pelo rei protegidos. Fazer parte do Império significava tornar-se católico através do batismo; nesse sentido, a escravização dos bárbaros era bem vinda, se fosse o único caminho para servir ao rei e à verdadeira Fé. Isto era válido para a escravidão africana ou para a indígena legalizada através da guerra justa.

Tentemos exemplificar melhor este ponto. Por exemplo, o comércio de escravos na África implicava negociações com uma elite de comerciantes africanos, que, muitas vezes, especialmente no caso de Angola, eram convertidos ao catolicismo, e súditos do Império Português. Seguindo a mesma lógica, apenas o indígena que se negasse a abraçar a verdadeira Fé e a se tornar súdito de Sua Majestade podia ser escravizado através da guerra justa, e assim incorporado à Fé e ao Império. Portanto, o fato de ser índio ou africano por si só não os fazia passíveis de serem escravizados, mas sim o fato de serem bárbaros e ateus. Na lógica do Antigo Regime português, uma vez incorporados ao Império e à Fé — através da escravidão —, deviam obedecer a seus senhores; servindo-os bem, podiam também aspirar à alforria. Forros, ainda assim se manteriam ligados a seus ex-senhores, que poderiam revogar a alforria concedida, alegando ingratidão. Seus descendentes seriam súditos livres de Sua Majestade e também por ela protegidos em seus direitos, porém a eles estaria vedado o acesso aos altos cargos públicos e eclesiásticos, bem como às honrarias reservadas aos cristãos velhos.

A força da associação que atualmente se faz entre a diáspora africana e a escravidão americana é de tal monta que obscureceu quase que totalmente o caráter não racial da origem da instituição, a importância da escravidão indígena na América Portuguesa até o século XVIII, e o contínuo crescimento, no mesmo período, de uma população livre de ascendência africana — sobre a qual se manteve a mancha de sangue, mesmo após as chamadas reformas pombalinas. Segundo estimativas da época, no final do período colonial, o Brasil contava com cerca de 3.500.000 habitantes, dos quais 40% eram escravos. Dos restantes, 6% eram índios aldeados e os demais equanimemente classificados metade como "brancos", metade como "pardos". Já na década de 1780, os homens livres classificados como pardos eram estimados em cerca de 1/3 da população, grande parte deles sendo possuidores de escravos. Para se ter uma medida de comparação, por volta da mesma época, os descendentes de africanos livres não somavam mais de 5% da população, seja nos Estados Unidos, seja no Caribe.

A própria construção da categoria "pardo" é típica do final do período colonial e tem uma significação muito mais abrangente do que a noção de "mulato" (este, sim, um termo de época diretamente ligado à mestiçagem) ou mestiço que muitas vezes lhe é associada. Na verdade, durante todo o período colonial, e mesmo até bem avançado o século XIX, os termos "negro" e "preto" foram usados exclusivamente para designar escravos e forros. Em muitas áreas e períodos, "preto" foi sinônimo de africano, e os índios escravizados eram chamados de "negros da terra". "Pardo" foi inicialmente utilizado para designar a cor mais clara de alguns escravos, especialmente sinalizando para a ascendência européia de alguns deles, mas ampliou sua significação quando se teve que dar conta de uma crescente população para a qual não mais era cabível a classificação de "preto" ou de "crioulo", na medida em que estas tendiam a congelar socialmente a condição de escravo ou ex-escravo. A emergência de uma população livre de ascendência africana — não necessariamente mestiça, mas necessariamente dissociada, já por algumas gerações, da experiência mais direta do cativeiro — consolidou a categoria "pardo livre" como condição lingüística necessária para expressar a nova realidade, sem que recaísse sobre ela o estigma da escravidão, mas também sem que se perdesse a memória dela e das restrições civis que implicava. Ou seja, a expressão "pardo livre" sinalizará para a ascendência escrava africana, assim como a designação "cristão novo" antes sinalizara para a ascendência judaica. Era, assim, condição de diferenciação em relação à população escrava e liberta, e também de discriminação em relação à população branca; era a própria expressão da mancha de sangue.

Por outro lado, grande parte dessa população livre era ou pretendia ser possuidora de escravos. No Recôncavo Baiano, principal área exportadora do final do período colonial, a maior parte dos escravos morava em propriedades de menos de 20 cativos e cerca de 80% dos senhores possuíam menos de 10 escravos. Entre esses pequenos proprietários, a presença de des-cendentes de africanos era comum, incluindo muitos libertos, eles próprios vindos da África.

Voltando, então, ao nosso problema central. Se, conforme desenvolvido na introdução, a noção de raça foi uma construção social do século XIX — estreitamente ligada, no continente americano, às contradições entre os direitos civis e políticos inerentes à cidadania estabelecida pelos novos estados liberais e o longo processo de abolição do cativeiro —, esta construção, no Brasil, se fará especialmente problemática. Apesar de todo o preconceito "proto-racial" das elites sociais e políticas do novo país — herança da colonização portuguesa —, do ponto de vista dos interesses escravistas existentes no Brasil (em seu sentido mais amplo), em grande parte compartilhados por boa parte da população de pardos livres, a noção de raça não se apresentava como solução, mas antes como problema.

Para que elucidemos melhor este ponto, é preciso delinear, primeiro, o complexo jogo classificatório/identitário que se abriria nas terras da antiga América Portuguesa com a decisão da emancipação política. Especialmente, desse processo surgiria o "brasileiro", contrastado desde o início com a produção concomitante de dois estrangeiros cotidianos: o português e o africano.

A Constituição de 1824 naturalizou todos os nascidos em Portugal que aqui permaneceram após a independência e que tivessem aderido à "causa do Brasil", de modo que, durante pelo menos a primeira década após a declaração de independência, brasileiros e portugueses foram identidades intercambiáveis e profundamente carregadas de conteúdos políticos. Por outro lado, desde a chamada Conjuração dos Alfaiates, em 1798, a igualdade entre pardos e brancos, juntamente com o aumento do soldo das tropas, era apresentada como principal reivindicação de caráter popular no bojo das agitações políticas de cunho liberal do período. Nesse contexto, a causa do Brasil apareceria nas ruas do Rio de Janeiro ou de Salvador fortemente marcada por uma linguagem racial, na qual a origem africana era esgrimida como marca de discriminação pelo "partido português e absolutista" e como signo da identidade brasileira pelo povo na ruas, jogando "cabras" contra "caiados", "brasileiros pardos" contra "branquinhos do reino".

Nos primeiros anos do período regencial, (que teve início em 1831, indo até 1840), proliferavam os pasquins exaltados, todos lutando pela igualdade de direitos entre os cidadãos brasileiros independentemente da cor, garantida na Constituição. Com títulos sugestivos — *O Homem de Cor, O Brasileiro Pardo, O Mulato, O Cabrito* —, afirmavam que, no Brasil, "não há mais que escravos ou cidadãos", e, portanto, "todo cidadão pode ser admitido aos cargos públicos civis e militares, sem outra diferença que não seja a de seus talentos e virtudes".

Com certeza, o enorme avanço da pesquisa histórica sobre padrões de alforria, de posse de escravos e de mobilidade social no Brasil do final do período colonial levou os pesquisadores a prestarem mais atenção a esses indícios (há muito conhecidos mas pouco valorizados) como indicadores de um real conflito em torno dos direitos recém-adquiridos pelos novos cidadãos brasileiros de ascendência africana.

A Constituição Imperial de 1824, revogando finalmente o dispositivo colonial da "mancha de sangue", reconheceu os direitos civis de todos os cidadãos brasileiros, diferenciando-os, apenas, do ponto de vista dos direitos políticos, em função de suas posses. Para tanto, adotou o voto censitário em três diferentes gradações: o cidadão passivo (sem renda suficiente para ter direito a voto), o cidadão ativo votante (com renda suficiente para escolher, através do voto, o colégio de eleitores), e o cidadão ativo eleitor e elegível. Neste terceiro nível, uma importante distinção não propriamente censitária se fazia, pois, além das exigências de renda, impunha-se ao eleitor que tivesse nascido "ingênuo", isto é, não tivesse nascido escravo. Em outras palavras, se os descendentes dos escravos libertos poderiam (se renda tivessem) exercer plenamente todos os direitos políticos da jovem monarquia, os escravos nascidos no Brasil que fossem alforriados não entrariam em pleno gozo dos direitos reconhecidos aos cidadãos e súditos do Império do Brasil.

A manutenção da escravidão e a restrição legal do gozo pleno dos direitos civis e políticos aos libertos tornavam o que hoje identificamos como "discriminação racial" uma questão crucial na vida de amplas camadas das populações urbanas e rurais do período. Apesar da igualdade de direitos civis entre os cidadãos brasileiros reconhecida pela Constituição, os brasileiros não-brancos continuavam a ter até mesmo o seu direito de ir e vir dramaticamente dependente do reconhecimento costumeiro de sua condição de liberdade. Se confundidos com cativos ou libertos, estariam automaticamente sob suspeita de serem escravos fugidos — sujeitos, então, a todo tipo de arbitrariedade, se não pudessem apresentar sua carta de alforria.

Muitos, entre estes, desenvolveram expectativas de que a situação se modificasse a partir das lutas de independência, baseados, principalmente, nas próprias posições sociais há muito efetivamente conquistadas. Nesse contexto, a igualdade de direitos entre os cidadãos brasileiros livres, para além das diferenças de cores, esteve em foco em todas as ocasiões em que a participação popular se fez presente no processo de independência política, empolgando expressivas lideranças das elites políticas liberais, em especial entre os "exaltados". Soma-se a esse caráter polêmico o fato de a proposta de apagamento das diferenças entre os homens livres ter estado em questão durante os primeiros anos da monarquia e por todo o período regencial, o que aponta, também, para as dificuldades práticas de efetivá-lo.

No Rio de Janeiro, em 4 de novembro de 1833, um pasquim liberal exaltado, denominado *O Mulato* ou *O Homem de Cor*, afirmou: "Não sabemos o motivo por que os brancos moderados nos hão declarado guerra. Há pouco lemos uma circular em que se declara que as listas dos Cidadãos Brasileiros devem conter a diferença de cor — e isto entre homens livres!"

Esta igualdade entre os cidadãos livres reivindicada pelas populações livres "de cor" implicava, portanto e antes de mais nada, o silenciamento sobre a própria cor, que permanecia como marca de discriminação herdada do Império Português. Uma reivindicação de silenciamento que se fazia, entretanto, de forma politizada e muitas vezes ameaçadora. Dessa maneira, do ponto de vista dos interesses escravistas, a construção de qualquer justificativa "racializada" da permanência da instituição da escravidão mostrava-se simplesmente explosiva. A simples introdução da categoria "cor" nas primeiras experiências de recenseamento da população imperial gerou protestos generalizados. Um primeiro regulamento para instituição do registro civil de nascimento e óbito gerou revoltas armadas em vários municípios do Nordeste, em especial em Pernambuco, baseadas na crença de que o regulamento, apelidado de "Lei do Cativeiro", teria por objetivo "escravizar a gente de cor".

Não é, portanto, por acaso, que as questões dos direitos dos homens livres e da igualdade entre "todas as cores de cidadãos" tenham estado no centro de todas as mobilizações populares do período. Já nos anos iniciais do Primeiro Reinado, a questão da dessegregação das tropas de linha do Exército estaria na ordem do dia. Após as lutas da independência, não mais se toleraria a tradição portuguesa dos regimentos separados por "cores": o dos "Henriques", formado por forros; o dos "pardos", formado por homens livres "de cor"; e o dos "brancos".

Contudo, só podemos entender todas as implicações desse processo de luta antidiscriminatória se percebermos que a igualdade que se reivindicava para os "cidadãos livres" *não* implicava — seja do ponto de vista das reivindicações populares, seja como corolário lógico de sua formulação com base no pensamento liberal — qualquer proposição efetiva a favor da abolição imediata da escravidão. Na verdade, esses direitos eram reivindicados e entendidos não de maneira genérica, mas referidos diretamente a situações concretas, em contraste com a condição da escravidão. É assim que, em 1838, durante a Balaiada, no Maranhão, os líderes balaios podiam denunciar que cidadãos livres estavam sendo tratados como escravos:

> Agora pergunto eu (a quem não sei) como é que em um país livre e constitucional se atreve um João Paulo a dar bofetadas e chibatadas em cidadãos livres; a castigar os cornetas de um Batalhão já extinto, por faltas no serviço do seu quintal; a fazer moço de cavalhariça um companheiro d'armas em menoscabo das leis militares; e finalmente a meter em tronco homens livres.

Subjacente à denúncia estava a constatação de que era permitido e legítimo dar "bofetadas, chibatadas e meter em tronco" aqueles que, enquanto escravos e propriedade privada, não se constituíam em "cidadãos livres". De todo modo, é preciso lembrar, para não correr o risco do anacronismo, que, não apenas no Brasil, o combate ao tráfico negreiro e o respeito ao direito de propriedade representaram as balizas dominantes da luta antiescravista na primeira metade do século XIX.

Para explorarmos melhor as implicações deste ponto, vale a pena acompanhar mais de perto alguns casos concretos. Podemos começar com a já citada Conjuração dos Alfaiates, de 1798. Apesar da participação de alguns escravos "crioulos" (nascidos no Brasil), a abolição imediata da escravidão não estava entre as reivindicações presentes nos cartazes então afixados pelas ruas de Salvador. A aliança com alguns membros da elite proprietária da cidade e a defesa, em bases liberais, do direito de propriedade têm sido apontadas como explicação para a omissão. Entretanto, não apenas as elites da cidade e do Recôncavo estavam associadas à propriedade escrava — o que, obviamente, também é fundamental. Boa parte dos pardos e libertos de Salvador eram proprietários de escravos. O fato de os cativos envolvidos serem todos escravos crioulos também me parece significativo e vou tentar demonstrá-lo.

Como no caso da Revolução Americana, durante as lutas da independência, ao calor das palavras de ordem a favor da "liberdade" e contra a "escravidão" do Brasil em relação a Portugal, não faltaram os cativos que, argumentando serem brasileiros, lutaram organizada e constitucionalmente por suas liberdades. Pelo menos este foi o caso de alguns escravos de Cachoeira, na Bahia, segundo carta de D. Maria Bárbara Chaves Garcez Pinto, senhora de engenho baiana citada por João Reis e Stuart Schwartz. Ela nos informa, inclusive, da aliança desses escravos com pessoas livres com alguma influência, fazendo suas petições chegarem até as Cortes de Lisboa; mas também deixa inferir que os escravos africanos estavam fora do pleito. Episódios como este permitem elucidar a possibilidade de reivindicar a liberdade de escravos crioulos, em nome dos seus direitos de brasileiros natos, *sem postular conjuntamente a abolição definitiva da escravidão.* Segundo João Reis, "os crioulos ansiavam por coroar seus pequenos privilégios na escravidão [em relação aos cativos africanos] com a conquista final da liberdade e, oportunamente, da cidadania no Brasil independente".

Durante as lutas da independência, no Rio de Janeiro ou em Salvador, por mais de uma vez a autoridade monárquica pediria aos maiores senhores de escravos que alforriassem alguns cativos para somarem esforços junto às tropas brasileiras. Face à atitude titubeante (quando não francamente contrária à proposição) dos proprietários, muitos escravos se anteciparam e fugiram para se alinhar com as tropas brasileiras. Após as lutas, o governo Imperial determinaria que fosse assegurada a alforria a esses cativos (mesmo que mediante indenização aos proprietários), em nome dos serviços prestados à "causa do Brasil".

Não eram poucos aqueles que, entre as elites proprietárias ou entre os observadores estrangeiros do processo, apontavam para os riscos de tantas lutas em nome da liberdade em um país escravista. Um observador francês formularia com clareza o dilema em que se encontravam os *brasileiros*, recém-inventados:

> Finalmente: todos os brasileiros, e sobretudo os brancos, não percebem suficientemente que é tempo de se fechar a porta dos debates políticos, às discussões constitucionais? Se se continuar a falar de direitos dos homens, de igualdade, terminar-se-á por pronunciar a palavra fatal: liberdade, palavra terrível e que tem muito mais força num país de escravos do que em qualquer outra parte. Então toda a revolução acabará no Brasil com o levante dos escravos, que, quebrando suas algemas, incendiarão as cidades, os campos, as plantações, massacrando os brancos e fazendo deste magnífico império do Brasil uma deplorável réplica da brilhante colônia de São Domingos [Haiti].

A formulação aponta, mesmo que de forma ambígua, para as duas variáveis do problema, especialmente quando o autor se dirige aos brasileiros, sobretudo aos brancos, mas não só a eles. Ou seja, há o reconhecimento implícito de que a extensão das discussões sobre liberdade às senzalas podia se mostrar inconveniente para a maioria dos brasileiros livres, e não apenas para os brancos, e que é a este consenso que é preciso recorrer para interromper o perigoso processo em curso. Por outro lado, ela reflete o medo de que as discussões sobre liberdade e igualdade (especialmente entre as cores) fossem apropriadas pelas senzalas num contexto de possível aliança entre as gentes de cor, propondo a abolição da escravidão e massacrando os brancos, como no Haiti.

De fato, ao longo de todo o Primeiro Reinado e do período regencial, as novas elites políticas não conseguiriam evitar "os debates políticos e as discussões constitucionais". Não conseguiriam evitar, também, que esses debates chegassem, de um jeito ou de outro, ao conjunto dos cidadãos brasileiros das cidades e do campo, que a chamada "boa sociedade" gostaria de ver fora do jogo político. Especialmente, tornar-se-iam explosivas as tentativas de manutenção das hierarquias proto-raciais herdadas do Império Português. Apesar disso, esses debates apenas limitadamente incendiariam as senzalas.

Em relação à questão escravista, as balizas mais gerais do liberalismo radical do período aparecem de modo especialmente claro em alguns dos movimentos regenciais com maior participação popular e de escravos, como na Balaiada, que mereceu oportuna e importante releitura em tese de Mathias Assunção. Em seu momento de maior radicalização, os balaios vão priorizar a reivindicação de direitos iguais para o "povo de cor", (tanto "cabras" quanto "caboclos"), a qual estará explicitamente colocada nas cartas e proclamações de Gomes, o líder "balaio". Do mesmo modo, acontecerá nessa fase uma aproximação crescente dos rebeldes do sul do Maranhão com as tropas de Cosme, ex-escravo natural do Ceará. Cosme liderava um exército de até 3.000 escravos rebelados, obrigando os senhores a assinar-lhes cartas de alforria, quando não as firmava por conta própria. Portanto, mesmo no seu momento mais radical, nem a atuação do Balaio (pedindo a igualdade de direitos entre os cidadãos de todas as cores), nem a de Cosme (exigindo alforria para os escravos que decidissem lutar ao lado dos rebeldes) fugiram dos quadros mais gerais de participação popular traçados ao longo das lutas de independência e do liberalismo radical do período. Era o não cumprimento da Constituição que se denunciava ao se lutar pela igualdade entre "os homens livres de todas as cores"; e, do mesmo modo, era a adesão à causa rebelde que trazia o direito à alforria aos escravos das tropas de Cosme, e não uma ilegitimidade genérica da propriedade escrava.

Na verdade, este é um enigma poucas vezes enfrentado pela historiografia: por todo o conturbado período do Primeiro Reinado e das regências, em um país pesadamente escravista, a metáfora da escravidão como imagem de opressão ou como situação iníqua a ser superada foi constantemente acionada — seja pelo discurso "patriota" da época da independência (o Brasil escravo de Portugal), seja pelo liberal exaltado que clamava por igualdade de direitos entre os brasileiros livres —, mas isso não implicou colocar em xeque o direito de propriedade sobre seres humanos escravizados.

Muitas vozes conservadoras, a exemplo do observador francês citado anteriormente, denunciariam o perigo de que essas palavras se espalhassem como rastilho de pólvora pelas senzalas. Contudo, isso não se deu. Elas continuaram a ser usadas, espalharam-se como rastilho de pólvora entre camponeses e livres pobres das cidades, empolgaram mesmo escravos crioulos, que tomaram a participação nas lutas liberais como passaporte para sua própria liberdade. Mas, apesar da violenta repressão que se desencadeou sobre as rebeliões regenciais, especialmente as que se caracterizaram por maior participação popular, os significados atribuídos à liberdade e à igualdade pelas quais se lutava tiveram, não como limite, mas como contraponto não questionado, a legitimidade da propriedade escrava. A igualdade de direitos entre a população livre estava contraditoriamente informada pela distinção concreta e cotidiana entre cidadãos livres e escravos.

As imagens da escravidão podiam ser usadas com êxito nas lutas do liberalismo de elite ou popular, pois traziam em si uma efetividade cotidiana que ninguém parecia questionar. O combate político do liberalismo brasileiro das primeiras décadas da monarquia à instituição da escravidão se concentraria na luta contra o comércio negreiro e na denúncia do tráfico africano, tendo nas pressões dos escravos crioulos pelo acesso à alforria — e, a partir dela, à cidadania brasileira — sua contrapartida mais radical. O seu distanciamento do escravo africano, esse outro estrangeiro cotidiano, evitou que ambas as pontas se encontrassem, incendiando as senzalas.

As últimas décadas do período colonial brasileiro foram marcadas por um novo *boom* da produção agrícola de exportação, responsável por um recrudescimento sem precedentes do tráfico africano. Nas áreas açucareiras do Recôncavo Baiano, nas duas últimas décadas do século XVIII e nas primeiras décadas do século XIX, a razão de africanidade das populações dos engenhos era de 2 para 1, raramente somando menos de 60% do conjunto da escravaria. O mesmo é verdade para a zona açucareira que pela mesma época se expandia ao norte da capitania do Rio de Janeiro. No caso do Recôncavo Baiano, então a principal área agroexportadora do país, essa nova população escrava de origem africana se superpunha a uma outra, crioula. Além disso, o tráfico baiano com a região do Golfo de Benin se intensificara no período. Especialmente em princípios do século XIX, aquela região da costa ocidental da África se viu sacudida por revoluções políticas e religiosas. O já antigo mas relativamente pouco intenso tráfico de escravos entre a Bahia e o Golfo de Benin se viu repentinamente multiplicado pelos interesses dos Estados e facções africanos em guerra, que jogariam sobre Salvador e seu Recôncavo levas de escravos africanos — haussás, jejes e nagôs —, em sua maioria homens jovens pertencentes a exércitos derrotados. Stuart Schwartz atribui a esta conjuntura específica o ciclo de insurreições escravas que tomará o Recôncavo do final do século XVIII até o Levante dos Malês, em 1835. Ciclo capaz de produzir, na luta contra a sociedade que os escravizava, uma surpreendente aliança entre "africanos" inimigos em África, com a participação inclusive de africanos forros, mas incapaz de incorporar os escravos crioulos às tentativas insurrecionais. Essas insurreições seguiram mesmo um certo padrão, buscando atacar de surpresa a sociedade colonial — em seus momentos de descanso e festa, em geral associados ao calendário cristão, do qual os escravos crioulos ativamente participavam.

Esse africano que ameaçava na Bahia ressurgirá no Rio de Janeiro da expansão cafeeira. Aqui, com o tráfico já tornado ilegal e às vésperas de sua extinção definitiva (em 1850), falantes de línguas banto da região Congo-Angola formarão até 90% da escravaria das fazendas de café. As lições da Bahia reforçariam o medo provocado pelo surgimento desta protonação banto (como a chamou Robert Slenes), reforçando também os argumentos dos que advogavam pela repressão efetiva do tráfico atlântico.

Entre dois estrangeiros necessários — o "português" colonizador e o "africano" escravo — a construção prática do "brasileiro", sob a égide dos interesses escravistas dominantes e profundamente impregnados no conjunto da sociedade brasileira, não poderia recorrer à moderna noção de "raça", que então tomava forma no mundo ocidental, como solução política para a continuidade da escravidão. Na verdade, as lutas entre liberais e conservadores das primeiras décadas da monarquia estiveram ligadas, entre outros pontos, também a esse dilema político. Diziam respeito a duas opções opostas para a legitimação da questão da continuidade da escravidão, ambas contidas na Constituição outorgada de 1824, que entretanto recaíam bastante diferentemente sobre as possibilidades de alforria dos cativos e sobre a organização das hierarquias sociais entre a população livre. Todavia, nenhuma das duas acionava o moderno conceito de "raça".

Uma primeira opção, conservadora, relacionava a permanência da escravidão a certos traços do Antigo Regime remanescentes na nova ordem monárquica (o poder moderador, a união entre Igreja e Estado, o regime de padroado). Apesar de não haver qualquer referência às relações escravistas no texto constitucional, o discurso conservador tinha como premissa, para além do direito de propriedade, as hierarquias sociais tradicionais do antigo Império Português. Luís dos Santos Vilhena, por exemplo, nas suas "Notícias soteropolitanas e brasílicas", de 1798, formulava claramente como no âmbito do Império Português, a sociedade brasileira se organizava "baseada nos critérios de direitos e privilégios, orientando sua divisão social entre os que possuíam os dois (os nobres), os que só possuíam direitos (os livres em geral) e os que não possuíam nem um nem outro (os escravos)". As disposições censitárias da Constituição de 1824 no que se refere aos direitos políticos, bem como a manutenção da escravidão, podiam ser lidas, portanto, como reconhecimento e legitimação de privilégios senhoriais e de hierarquias sociais herdadas do Império Português.

Por outro lado, num registro liberal, o voto censitário (comum a países como Estados Unidos ou Inglaterra) legitima as relações entre acesso à propriedade e direitos políticos. Da mesma maneira, tendo em vista a ausência do tema na Constituição de 1824, a manutenção da escravidão estava legalmente ancorada neste mesmo princípio, típico do liberalismo: a absolutização do direito de propriedade, que só poderia ser confiscada pelo Estado mediante indenização.

Podem parecer puramente retóricas estas distinções, na medida em que ao fim e ao cabo ambas se propunham a legitimar a continuidade da escravidão. Na verdade, a historiografia, ao ressaltar apenas este ponto, deixa de dar o devido destaque ao fato de que nenhuma das muitas lutas e rebeliões sociais e políticas das primeiras conturbadas décadas da monarquia colocava efetivamente em xeque esse princípio — de modo que a ênfase na questão acaba por impedir que se percebam as contradições que efetivamente informavam os conflitos, destacando-se entre elas as tensões "raciais" entre a população livre.

Para o encaminhamento dessas tensões, recorreu-se politicamente a alguns dos postulados do liberalismo que, apropriados por parte das elites políticas e também por algumas das lideranças populares envolvidas nos levantes e rebeliões do período, foram capazes de canalizar os ganhos políticos de determinados setores da população com o fim da "mancha de sangue". Tenderam também a organizar de forma bastante generalizada toda uma agenda de reivindicações contra esse tipo de discriminação (ainda não percebida como "racial", na medida em que se recusava a categoria "raça"), com base num radical e original processo de "desracialização" e "des-senhorialização" da legitimação da continuidade da instituição escravista. Processo oposto, de fato, à tendência de "racialização" do problema preponderante nos Estados Unidos e de predomínio do ponto de vista senhorial sobre o tema — que tenderia a se tornar hegemônico a partir do Segundo Reinado.

Um certo Conselheiro Rebouças

Para melhor demonstrar esse ponto, proponho que tomemos contato com um pouco da vida e das idéias do Conselheiro Antônio Pereira Rebouças, que teve sua história de vida organizada, do ponto de vista pessoal e político, pelas possibilidades abertas por esse liberalismo, em sua vertente mais moderada. O elitismo essencial que marcou toda a trajetória de vida do Conselheiro, torna a sua biografia especialmente ilustrativa da forma como um campo de luta contra a discriminação racial pôde se organizar no Brasil oitocentista, mesmo que baseado num tipo específico de legitimação da continuidade da instituição escravista.

Filho de uma liberta e de um alfaiate português, nascido na Bahia em 1798, autodidata no estudo das leis, Antônio Pereira Rebouças tornou-se rábula, sendo depois provisionado advogado, tornando-se um dos maiores especialistas em direito civil no Brasil monárquico. Além disto, foi várias vezes deputado pela província da Bahia, Conselheiro do Imperador e advogado do Conselho de Estado. Não há muita coisa publicada sobre o Conselheiro Rebouças. Apesar disso, são abundantes as fontes sobre sua vida: escreveu mais de uma autobiografia; proferiu vários discursos como deputado na Assembléia Legislativa da Bahia e na Câmara dos Deputados, bem como publicou inúmeros artigos como jornalista e membro da direção do Partido Constitucional da Bahia, além de pareceres e comentários jurídicos sobre direito civil. Boa parte de seus documentos pessoais — incluindo sua correspondência — está arquivada na Coleção Antônio Pereira Rebouças, na seção de manuscritos da Biblioteca Nacional, entre muitos outros. Para efeitos deste texto, vou me deter apenas nos dados mais gerais e conhecidos de sua trajetória de vida, para depois me concentrar em dois dos discursos que proferiu na Câmara dos Deputados, quando da discussão da exigência da cláusula de "ingenuidade" (proibição da nomeação de libertos) para os oficiais da guarda nacional.

Não apenas Antônio, mas (pelo menos) três dos filhos homens do casal Gaspar Pereira Rebouças e Rita Basília dos Santos foram diretamente beneficiados pela supressão da "mancha de sangue" sobre os descendentes de africanos, efetivada com a promulgação da Constituição de 1824. Antônio, provisionado para advogar na Bahia em 1821, envolveu-se diretamente nas lutas de independência, recebendo o título de cavaleiro da Ordem do Cruzeiro, em 1823, e sendo nomeado secretário da província do Sergipe, no ano seguinte. Depois disso, tornar-se-ia político e advogado de renome, recebendo outros títulos e comendas, entre eles o de Oficial da Ordem do Cruzeiro, em 1842, e o de Conselheiro do Imperador, em 1861. José Pereira, seu irmão, estudou música em Paris e Bolonha, tornando-se maestro da Orquestra do Teatro em Salvador. Ainda um terceiro Rebouças, Manoel Maurício, formou-se na Europa, neste caso como doutor em medicina, ocupando posteriormente a cadeira de botânica e zoologia da Escola de Medicina de Salvador.

A vida política de Rebouças foi narrada por ele em dois livros de memórias: *Recordações da vida parlamentar do advogado Antônio Pereira Rebouças. Moral, jurisprudência, política e liberdade constitucional* e *Recordações da vida patriótica do advogado Rebouças.* Embora seja essencial, para a compreensão da ascensão social e política do Conselheiro Rebouças, considerar a sua atuação na guerra da Independência e na direção do Partido Constitucional contra o Partido Absolutista na Bahia (no contexto da crise do Primeiro Reinado, da abdicação e da inauguração do período regencial), não nos deteremos sobre sua "vida patriótica" ou sobre a recuperação que faz dela. É importante notar também o destaque dado pelo Conselheiro à sua identidade profissional de advogado. Em artigo sobre o tema recentemente publicado, a pesquisadora Keila Grinberg sustenta que a defesa do "direito de propriedade" é a pedra de toque da leitura do jurista Rebouças sobre as relações entre direito civil e escravidão no Brasil monárquico. Quanto à sua vida parlamentar, o subtítulo da primeira de suas *Recordações* define a linha de sua atuação. Esta — que associava moral, política e liberdade constitucional, e que aparece exemplificada na discussão sobre os direitos de cidadania dos libertos que passo agora a analisar — ilustra magistralmente aquela vertente de pensamento de base liberal a que me referi acima e que, no Império do Brasil, enquanto persistiu a escravidão, foi capaz de canalizar os ganhos políticos de determinados setores da população com o fim da "mancha de sangue", ao mesmo tempo em que lutava, em níveis de radicalização diferenciados, por sua ampliação.

Em 1832 discutia-se uma primeira reforma da lei das guardas nacionais, milícias criadas em 1831 e constituídas exclusivamente pelos cidadãos ativos do Império. Em especial, sobressaía a emenda do sr. Calmon, deputado pela Bahia, firmando que somente o cidadão com condições de ser eleitor poderia ser nomeado oficial das guardas. A emenda tinha profundas implicações do ponto de vista da polêmica questão dos direitos de cidadania dos libertos, ou seja, daqueles indivíduos que, nascendo escravos no Brasil, eram alforriados ao longo de suas vidas. A melhor maneira de acompanhar estas implicações é seguir o fio da argumentação do veemente discurso de oposição à emenda que o deputado Antônio Pereira Rebouças proferiu em 25 de agosto daquele ano.

Rebouças começava seu discurso lamentando que justamente um deputado pela província da Bahia apresentasse tal proposição, ainda mais depois que um deputado por Minas Gerais — onde a seu ver os "sentimentos de igualdade e justiça, de união e de liberdade" estavam bem menos arraigados — havia retirado proposta de igual conteúdo, convencido da argumentação de que se tratava de medida "injusta", "incendiária", "impolítica" e "inconstitucional".

Por que a emenda causava tanta indignação a Rebouças? Não era por conta da renda de 200$000 (duzentos mil réis) anuais que se exigia para a condição de eleitor, pois, nesse sentido, Rebouças propunha que esta fosse a renda mínima para o recrutamento dos soldados das guardas, e que se exigisse uma renda ainda mais alta para os oficiais. Nessa, como em inúmeras outras ocasiões, Rebouças mostrar-se-ia um entusiasta de restrições censitárias elevadas para o exercício da cidadania política, no melhor estilo do liberalismo possessivo e do que então se praticava em termos eleitorais nos Estados Unidos e na Inglaterra. Rebouças se indignava porque "uma das condições negativas da votação para eleitor é o não ter nascido ingênuo", optando por uma frase com uma dupla negativa para evitar o uso da palavra "escravo" ou "cativo". Ou seja, como já foi antes assinalado, quem não tivesse, segundo a Constituição Imperial, "nascido ingênuo", (ou seja, quem tivesse nascido escravo e depois obtido a alforria), não poderia se qualificar como eleitor, mesmo que tivesse renda suficiente para tanto. Rebouças, sempre cioso das liberdades individuais, considerava tal "exceção odiosa, contraditória e impraticável" e se opunha com veemência a que se tentasse estendê-la para além dos termos constitucionais.

1. Antônio Pereira Rebouças

2. Luiz Gama

3. José do Patrocínio

4. André Rebouças

5. Homens negros trajando uniformes das tropas de linha e um homem branco vestindo uniforme da Guarda Nacional. (Desenho de Debret)

6. Batismo de escravas africanas por um padre negro. (Desenho de Debret)

7. Apesar dos trajes elegantes, os pés descalços evidenciam a condição de escravo do retratado.

8. Casal de negros livres ou libertados em 1879.

Opunha-se, primeiramente, considerando tal propósito inconstitucional. Alegava que "a Constituição somente excetuou os cidadãos brasileiros que não nasceram ingênuos de serem eleitor de paróquia, conselheiro de província, deputado, senador, conselheiro de Estado ... logo, excetuando [os casos acima], os cidadãos não-ingênuos podem servir todos os empregos para os quais se achem habilitados por seus talentos e virtudes". Este era o ponto básico do elitismo liberal de Rebouças. Para ele, renda e propriedades podiam ser adquiridas com "talentos e virtudes", consistindo, portanto, na única medida legítima dos mesmos, necessários ao exercício das responsabilidades mais elevadas da cidadania política.

Seria então puramente retórico o protesto de nosso deputado? Quais as chances de um liberto atingir o nível de renda necessário para o exercício dos cargos constitucionais que lhe eram vedados, ou os valores ainda mais elevados defendidos por Rebouças para os oficiais da guarda nacional? Segundo Rebouças, em seu discurso, maiores do que pareceria provável à luz da atual historiografia sobre o tema. Pois é exatamente sobre esse ponto que constrói seu segundo argumento. Tentemos segui-lo.

Seu segundo ponto de argumentação alicerça-se sobre o seguinte postulado: "não se cumprem as disposições legislativas contrárias aos costumes." Afirmado o princípio, desafiadoramente perguntava a seu opositor baiano: "Crê o ilustre orador que a exclusão dos não-ingênuos para eleitores tenha sido jamais cumprida?" Pelo menos para Rebouças, a resposta era que sabidamente não, pois em geral a ninguém ocorria impugnar o fato — e quando a alguém ocorria, sobre ele recaía "a animadversão geral", pois "quando é, meus senhores, que um liberto merece os sufrágios de seus concidadãos a não ser que pela melhor índole e comportamento cívico tenha totalmente desfeito as desagradáveis impressões de sua infeliz origem?"

Libertos eleitores? A afirmação do nosso personagem está a merecer maior atenção da pesquisa histórica, mas pode-se pensar, pelo menos, nos muitos filhos ilegítimos de senhores importantes, nascidos escravos e depois alforriados em escritura pública ou testamento. De todo modo, o essencial de seu raciocínio é que, constitucionalmente, no Império do Brasil, ou se era escravo ou se era cidadão e, com base nesse princípio, quaisquer exceções abertas, aberrações.

> Pode, pois, ser membro da regência um cidadão liberto, segundo a Constituição? E não poderá ser alferes de companhia nas guardas nacionais? Pode um cidadão liberto ser ministro ou secretário de Estado? Não poderá ser oficial da guarda nacional? Pode um cidadão liberto ser arcebispo e bispo, segundo a Constituição, não poderá ser oficial das guardas nacionais? Pode

> um cidadão liberto ser ministro do tribunal supremo de justiça, não poderá ser oficial das guardas nacionais? Pode um cidadão liberto ser general, e não poderá ser alferes, tenente e daí por diante nas guardas nacionais comandadas por este general?

No discurso de Rebouças, portanto, uma vez liberto, o ex-escravo nascido no Brasil automaticamente tornava-se cidadão brasileiro, com todas as suas prerrogativas civis e políticas. E assim afirmava porque considerava que apenas o direito de propriedade legitimava a escravidão. Deixando de ser propriedade, o escravo (através da alforria) tornava-se também plenamente cidadão.

No esforço de "desracializar" a continuidade da instituição do cativeiro, Rebouças vai seguir desenvolvendo um terceiro argumento, o dos muitos serviços já prestados por cidadãos libertos à jovem nação e o dos muitos feitos de bravura de "cidadãos libertos" em outras sociedades. Começa por citar a Bahia e o papel dos "cidadãos libertos" nas lutas da independência. Quanto a este ponto conclui novamente reivindicando o reconhecimento da platéia para um fato que seria do amplo conhecimento de todos:

> Assim, estando nossa província, e à proporção as demais, com tantos oficiais beneméritos, clérigos e condecorados no gozo da mais ajustada estima de todos

> os seus concidadãos, quem tão mesquinho que intente adotar e fazer efetiva uma distinção a todos os respeitos reprovada?

Rebouças insiste, portanto, que não se trata de uma questão meramente teórica ou de princípios; trata-se de uma exceção capaz de atingir diretamente inúmeros cidadãos brasileiros — "oficiais beneméritos clérigos e condecorados". E para provar que a distinção é mesquinha e reprovável não apenas no Brasil (e não apenas em relação a libertos descendentes de africanos), apressa-se a citar servos ou escravos emancipados em diferentes partes da Europa, na Rússia, na Prússia, na Áustria, além da Espanha e de Portugal, que teriam desempenhado funções de prestígio e destaque em diferentes épocas em suas sociedades.

Assim, tendo bem estabelecido que a escravidão não se assentava sobre quaisquer diferenças naturais, mas apenas históricas e legais — o que, portanto, tornava odiosa qualquer tentativa de continuar a restringir legalmente os direitos dos ex-escravos uma vez emancipados —, o discurso de Rebouças tende a assumir, de forma mais clara, o seu sentido principal: um embate veemente contra o que hoje chamaríamos de discriminação racial, sem que isso implicasse um combate equivalente à instituição da escravidão.

É só nesse momento que ele irá citar em sua fala os casos do Haiti e dos Estados Unidos — o primeiro, como ameaça que se devia esconjurar; e o segundo, como exemplo que se devia repelir.

Citando Chateaubriand, "aristocrata consumado", considera que Toussaint Louverture, o líder negro e ex-escravo da independência haitiana, era "mais cidadão e francês que o próprio Napoleão que o fizera perecer". Para ele, caso se tivesse feito cumprir antigos éditos da monarquia francesa que consideravam

> franceses e capazes de todos os empregos e ocupações os libertos da colônia ..., certamente os colonos refratários e obstinados não sofreriam tanto, nem teriam lugar as cenas de horror e de atrocidade que fazem arrepiar as carnes apenas se nos afiguram à imaginação. ... Mas, enfim, todos os meios reconciliatórios foram perdidos, e os colonos na rainha das Antilhas, como o clero e a nobreza na França, por nada quererem ceder, sem tudo ficaram ...

Temos aí o moderado Antônio Rebouças — extremado defensor do direito de propriedade entre outros direitos individuais, bem como da ordem e das hierarquias neles fundadas — a esgrimir o fantasma do Haiti e os perigos que adviriam para o Império do Brasil se os libertos e seus descendentes não se sentissem brasileiros e, irmanados com a população escrava, contra ele se voltassem.

Sem temor, não se acanha mesmo de enfrentar o caso dos Estados Unidos, onde a legitimação da continuidade da escravidão tendia rapidamente a adotar uma perspectiva marcadamente racial.

> Só, como já disse, se dá uma exceção em país civilizado, e na América. Mas estaremos nós em Illinois, Indiana, Georgia, Carolina meridional, Kentuhy (sic), e outros estados, cujas constituições, a par de um pomposo manifesto de princípios e direitos do homem, trazem exclusões as mais merecedoras, como o têm sido, da contínua censura dos escritores europeus? Estaremos mesmo nos livres estados da Pensilvânia, Massachussets e New York, onde os filhos de Deus e da mesma religião não podem concorrer em comum nos templos, nas escolas, nas oficinas, nas salas, nos teatros etc.?

Escusa-se, assim, de enfrentar o encaminhamento cientificista da questão da raça, o qual, então, apenas começava a se estruturar. Opta por uma argumentação jurídica, no campo das liberdades civis defendidas pelo liberalismo, destacando a incoerência daquelas práticas segregacionistas em relação aos "pomposos manifestos de princípios e direitos do homem" adotados na América do Norte, e buscando, para tanto, a solidariedade "dos escritores europeus". Por outro lado, o recurso à pergunta "estaremos nós" remete novamente à discrepância entre qualquer tentativa de restringir os direitos individuais dos libertos e de seus descendentes e as práticas efetivamente em vigor no país. No parágrafo seguinte, ele não deixa de ressaltar que essa discrepância não se verifica apenas nos ganhos conseguidos pelos afrodescendentes livres desde as lutas da independência, pois, apesar do dispositivo da mancha de sangue até tardiamente em vigor, a diferença radical assinalada na questão formulada pelo "estaremos nós?" estaria ligada também ao contraste prático entre as tradições da colonização ibérica e anglo-saxã em relação ao assunto.

Recusando a racialização do tema da escravidão e também sua concepção a partir da lógica do Antigo Regime, em seu discurso Rebouças vai enfatizar a primazia do direito de propriedade, inclusive no que se refere ao estabelecimento de pré-condições para o acesso pleno à cidadania política, para justificar a tolerância para com a continuidade da escravidão em uma monarquia constitucional. Simultaneamente, empreende decisivo combate contra a discriminação racial entre os brasileiros livres. As hierarquias sociais deveriam ser formadas a partir de "virtudes e talentos", e a capacidade para adquirir propriedades era o principal índice das realizações de que essas "virtudes e talentos" eram capazes. Por outro lado, a proposta que combatia, já implicitamente contida no dispositivo constitucional que exigia que tivessem nascidos ingênuos (não-cativos) aqueles que poderiam se qualificar como eleitores, inspirava-se claramente em concepções políticas e sociais de cunho tradicional e aristocrático, herdadas do Império Português.

Ainda que por poucos votos, Rebouças foi derrotado. Depois disso, o tumultuado período regencial incendiaria as províncias do Império; os liberais moderados ou radicais perderiam força e prestígio e a centralização monárquica se imporia como alternativa vitoriosa. Apesar disso, quase quinze anos depois, em junho de 1846, em pleno processo de consolidação definitiva do Segundo Reinado, quando mais uma reformulação das guardas nacionais veio a ser discutida na Câmara dos Deputados, Rebouças, novamente deputado, voltaria a discursar defendendo os mesmos pilares básicos de sua posição de 1832. No novo discurso, diante de uma nova tentativa de impor aos oficiais da guarda nacional, explicitamente, a condição de ingenuidade, Rebouças voltaria a considerar a proposição "inconstitucional, injusta, impolítica e absurda".

Inconstitucional porque "ofensiva à Constituição, que no título dos direitos civis e políticos dos cidadãos brasileiros estabelece que todos são aptos para todos os cargos públicos civis, políticos ou militares, sem outra diferença que seja a dos seus talentos e virtudes". Dessa vez, Rebouças exime-se de discutir a exceção aberta na própria Constituição para o reconhecimento dos eleitores, bem como de deputados e senadores.

Injusta, do seu ponto de vista, "porquanto, logo que algum cidadão, por seu mérito, sobe ao grau de consideração que o habilita a ser escolhido para oficial da guarda nacional ou outro qualquer emprego de importância, ninguém há que civil e politicamente se lembre se nasceu ingênuo ou não, e se alguém se lembra e o murmura adrede é repelido como excitando uma odiosidade anti-social".

Inconstitucional, injusta e impolítica, repete, porque "se se entrasse na exegética da guarda nacional das diferentes províncias, certo achar-se-iam muitos oficiais que não fossem ingênuos; e se me não faço cargo de individuar fatos, bem se vê que é porque seria odioso e inteiramente repugnante e contrário ao meu intuito".

E ainda "absurda, porque muitas vezes dar-se-á que oficiais de primeira linha que não tenham nascido ingênuos, e que todavia sejam de maior patente, concorrendo com oficiais da guarda nacional, os comandem".

Desse modo, Rebouças repete quase um a um seus argumentos de 1832, novamente afirmando a existência de fato de ex-escravos em situação de destaque social, e novamente sem associar tal combate a uma deslegitimação da propriedade escrava ou a uma visão igualitarista das hierarquias sociais. Ao contrário, esforça-se especialmente para dissociar seus argumentos, que hoje chamaríamos anti-racistas, de qualquer ponto de vista mais radical no tocante à igualdade social. Assim, da mesma forma que em 1832 propunha que a exigência de renda para oficial da guarda nacional fosse elevada de 200 para 300 mil réis, em 1846 proporia igualmente que esta renda, então em 400 mil réis, fosse elevada para 600, com base em uma argumentação que diretamente corroborava a legitimidade da propriedade escrava:

> Eu julgo que ou se deve estabelecer em regra geral que todo o cidadão é apto para ser oficial da guarda nacional, uma vez que tenha habilidade para comandar e prestar todo o serviço militar que lhe competir; ou que, estabelecendo uma renda como critério de qualificação, ela o deva ser eficazmente. A de 400$000 não indica o que dela se pretende: isto obviamente se demonstra. É impossível que se considere idôneo para oficial da guarda nacional, em razão de seus haveres, quem não tiver empregado *em seu serviço pelo menos dois escravos, um em casa, outro de casa para a rua.*

A partir daí continua desenvolvendo um cálculo do custo mínimo para sustentar o estilo de vida desejável a um oficial da guarda nacional, para concluir que a renda mínima proposta de 400$000 era insuficiente e devia ser elevada. Obviamente, a citação da propriedade escrava no discurso de 1846, bem como a associação, em ambos os discursos, entre o combate à restrição aos libertos e uma defesa de elevação da renda mínima para os oficiais das guardas, não se fazia por acaso; tratava-se de uma estratégia clara de "desracializar" a legitimidade da escravidão, para combater a discriminação racial presente na proposta e, obviamente, também na sociedade brasileira do período. Ao fazê-lo, não o fazia como representante de si mesmo, mas antes como a expressão talvez mais elaborada e elitista de uma leitura liberal da sociedade escravista.

Nessa leitura, de ampla penetração popular, o combate antiescravista concentrou-se, até 1850, contra a manutenção do tráfico de escravos. Este foi o tema preponderante nos pasquins radicais da década de 1830. Se a entrada de escravos africanos não foi efetivamente reprimida com a primeira lei de proibição do tráfico, em 1831, tendo mesmo se intensificado, não foi uma vitória menor do liberalismo radical o simples fato de que o comércio negreiro, tornado ilegal, tenha passado a ser chamado "tráfico", bem como o responsável por ele, "traficante" — deslegitimando rapidamente um dos mais rentáveis ramos das atividades mercantis da jovem monarquia.

Em 1846, no mesmo mês de junho, Rebouças se manifestaria na Câmara dos Deputados, também contra a hipocrisia generalizada que informava o descumprimento da lei de 1831. A solução que propunha para o problema era curiosamente original. Se o tráfico não arrefecia era porque não se podia dispensar o braço africano; ora, então Rebouças propunha que a lei de 1831 fosse revogada e que os homens trazidos da África fossem novamente admitidos, desde que mediante pagamento de impostos pelos comerciantes e como "colonos livres". Se, por um lado, sua proposição mostrava-se totalmente despreocupada da forma como esses "colonos livres" seriam recrutados na África, por outro, incentivava uma colonização com mão-de-obra africana livre em substituição ao trabalho escravo, perenizando a entrada do elemento africano na população do país.

De fato, reduzida a legitimidade da escravidão ao direito de propriedade adquirido, a coerência de Rebouças era, de fato, impressionante. Segundo o já citado artigo de Grinberg, Rebouças defenderia, em suas *Observações à consolidação das leis civis de Augusto Teixeira de Freitas*, publicadas em 1859, que o costume da autocompra fosse transformado em lei, de modo que o escravo que tivesse como indenizar o senhor visse garantido seu direito à liberdade. Isto só viria a ser reconhecido oficialmente com a Lei do Ventre Livre, em 1871.

Se a luta anti-racista em uma ordem escravocrata consiste em verdadeira chave de leitura para o entendimento histórico da trajetória de vida de Antônio Pereira Rebouças, isto não o tornava propriamente um ideólogo de um escravismo desracializado. Do seu ponto de vista, era como se, terminado o tráfico, que produzia novos escravos, e garantido o direito à autocompra, a obra da emancipação, no melhor estilo liberal, pudesse ser lentamente deixada a cargo das "virtudes e talentos" dos próprios escravos.

Os que conhecem as contribuições mais recentes da pesquisa sobre a história social da abolição no Brasil sabem que, de certo modo, as "virtudes e talentos" dos próprios escravos — ou, em outras palavras, a politização cotidiana de suas ações — desempenhou papel preponderante, seja para a abolição do tráfico, seja para a aprovação da Lei do Ventre Livre, seja para a abolição final do cativeiro, sem indenização, em 1888. É verdade também que, desse ponto de vista, as ações de Rebouças foram quase sempre no sentido de conter e retardar essas pressões, especialmente no que se refere às suas opções políticas, sempre elitistas e moderadas, e à sua atuação jurídica, tendente a defender as garantias do direito de propriedade enquanto especialista em direito civil. Naquilo que Sidney Chalhoub chamou de "dilema da peteca" do direito civil brasileiro no período monárquico, entre o direito de propriedade e o direito à liberdade, Rebouças decididamente optava pelo primeiro. Por outro lado, não se pode esquecer que o Conselheiro Rebouças foi um homem formado na primeira metade do século XIX, quando — apesar de todo o conjunto de rebeliões e levantes populares e de escravos que marcou o período — a questão da abolição definitiva da escravidão não esteve politicamente colocada. Exatamente por causa disso, sua trajetória nos permite iluminar como, no Brasil monárquico, as lutas contra a escravidão e a discriminação racial se imbricaram mas não se confundiram.

Conselhos mais radicais

Ao elitismo e à moderação de Antônio Pereira Rebouças podemos opor um "duplo" democrático e radical, figura de transição entre a geração do Conselheiro e a daqueles que viveram a abolição e a República: a do advogado abolicionista Luís Gama. Como Rebouças, Luís Gama foi um homem negro de origem humilde que se tornou advogado provisionado e político de prestígio no Brasil monárquico. Sua biografia foi alvo, recentemente, de um importante trabalho de pesquisa de Elciene Azevedo, *Orfeu de carapinha. A trajetória de Luís Gama na imperial cidade de São Paulo*; parto dele para levantar alguns pontos de contato e de contraste entre as trajetórias dos dois homens.

Filho de uma quitandeira africana liberta (de nome Luiza Mahin) e de um fidalgo português, Luís Gama era bem mais jovem que Rebouças, sendo em verdade companheiro de geração dos filhos do Conselheiro, como o engenheiro abolicionista André Rebouças. Nascido na Bahia no ano de 1830, tinha, portanto, apenas dois anos quando Rebouças, já deputado, discursava contra a cláusula de ingenuidade para os oficiais da guarda nacional. Segundo texto autobiográfico do próprio Luís Gama, sua mãe teria sido presa várias vezes por se envolver em planos de insurreições de escravos, enquanto seu pai o teria vendido ilegalmente como cativo para o Rio de Janeiro, em 1840, quando tinha dez anos de idade. Do Rio de Janeiro, havia sido vendido para São Paulo, onde viveu como escravo doméstico até os 17 anos. Alfabetizou-se ainda no cativeiro, com hóspedes da casa de seu senhor. Ainda segundo seu próprio depoimento, aos 17 anos fugiu e "ardilosamente" conseguiu "provas inconcussas" de sua liberdade. Nenhum de seus biógrafos esclarece que provas foram estas, nem se sabe se houve um processo de ação de liberdade que o tivesse estabelecido. Cabe lembrar que se mostrava fundamental, tendo em vista a projeção política que alcançou, tanto no Partido Liberal como no Partido Republicano Paulista, que tivesse nascido ingênuo, e não cativo. Sem dúvida, o caso de Luís Gama foi um daqueles, referidos por Rebouças nos dois discursos aqui analisados, no qual a tentativa de impor restrições aos direitos políticos em nome da cláusula de ingenuidade provocaria oposição e contrariedade geral.

Em 1848 já estava livre e ganhava a vida como praça da força pública de São Paulo, de onde seis anos depois recebeu baixa; empregou-se então como escrivão, para logo depois ser oficialmente nomeado amanuense da Secretaria de Polícia de São Paulo. Publicou um livro de poesias satíricas, em 1859, *As primeiras trovas bur-*

lescas de Getulino, decididamente voltado para a crítica e o combate à discriminação racial existente na sociedade brasileira. Na década de 1860, tornou-se jornalista de renome ligado aos círculos do Partido Liberal. Participou da criação do Club Radical e, depois, do Partido Republicano Paulista, ao qual se manteve ligado até a sua morte, em 1882. Advogado provisionado, ganharia a vida como rábula a partir de sua demissão do emprego de amanuense por motivos políticos, ligados à veemência de sua atuação jurídica a favor da liberdade dos escravos. Com apoio (inclusive financeiro) da Loja Maçônica abolicionista à qual pertencia, desde então dispenderia a maior parte de suas energias em levar aos tribunais causas cíveis de liberdade. Ao contrário de Rebouças, a essas causas dedicaria a maior parte de sua atuação profissional, politizando ao máximo, inclusive com o recurso à imprensa, os processos em que se envolvia.

Apesar das profundas diferenças entre o moderado Antônio Rebouças e o radical Luís Gama, inclusive as das conjunturas históricas em que atuaram, a comparação é cabível e necessária para bem concluir este texto. Ambos são filhos de mãe liberta e fizeram carreira como advogados provisionados especializados em direito civil. Cada um a seu modo, defenderam a democratização do acesso à instrução como caminho efetivo para a emancipação social, através do engajamento em organizações civis que se comprometiam a promovê-la

— a Sociedade dos Amantes da Instrução, no caso do Conselheiro, e a maçonaria, através da Loja América, no caso de Luís Gama. Ambos discursaram e escreveram contra a discriminação dita "racial", nunca deixaram de se assumir como não-brancos e viveram episódios de constrangimento por conta dessa situação. Apesar disso, não privilegiaram esses episódios em suas autobiografias, mas antes as suas conquistas e sucessos pessoais.

Em apenas uma ocasião, Rebouças registra em suas *Recordações* que, no início de sua vida política, foi preterido em um jantar, no Rio de Janeiro, por conta de sua cor. As fontes de época, entretanto, dão conta de que seus inimigos políticos em Sergipe o chamavam de "miserável neto da rainha Jinga", numa alusão à rainha africana que se destacou no processo da ocupação portuguesa em Angola. O Conselheiro Rebouças faria de seu liberalismo possessivo e elitista armadura e arma contra o preconceito.

Na trajetória de Luís Gama tem-se claramente o encontro de duas tradições: a de luta contra a discriminação racial, privilegiada pelo Conselheiro, com a da paixão abolicionista, que seria vivida pela geração seguinte. Como no caso do Conselheiro Rebouças, entretanto, é a opção radical pelo liberalismo que imprime coerência à trajetória intelectual de Luís Gama. Não é um detalhe menor nem uma incoerência em sua biografia a prioridade que deu, do ponto de vista político, à crítica ao poder moderador, através de seu engajamento no Club Radical e, depois, no Partido Republicano Paulista; foi a matriz liberal de seu engajamento político que lhe permitiu, como ao Conselheiro, "desracializar" a legitimidade da escravidão, assumindo sua origem africana e lutando abertamente contra a discriminação "racial". Ao mesmo tempo, ao contrário do advogado Rebouças, no "dilema da peteca", o advogado Luís Gama enfatizaria o direito à liberdade, em detrimento do de propriedade, fazendo dos tribunais uma frente de luta abolicionista.

Nas trilhas do esquecimento

Resta-nos perguntar de que forma trajetórias como a do Conselheiro e dos muitos outros afro-descendentes livres que formavam a maioria da população do Brasil imperial puderam ser tão fortemente apagadas da memória social do país. Por que a celebração da memória do abolicionista Luís Gama tem tão mais visibilidade que a do poeta anti-racista ou a do líder republicano? Parece-me que a absorção do conceito de "raça" pelo pensamento social brasileiro, a partir da década de 1870, esteve diretamente relacionada com esse processo de apagamento.

O conceito de "raça" apareceria pela primeira vez numa estatística brasileira no Recenseamento Geral do

Brasil de 1872, mas, por força do costume, seriam as tradicionais divisões por categorias de status/cor (preto, pardo, branco, índio) que ali detalhariam a nova noção. Depois disso, entretanto, a noção faria rápida, mesmo que sempre problemática, carreira no Brasil, sobre o solo fecundo de antigos preconceitos herdados do Império Português. Em 1888, os últimos cativos que tiveram sua liberdade reconhecida pela Lei Áurea — liberdade já conquistada de fato nas fugas em massa e na incapacidade política e social de repressão do Estado Imperial — não somavam mais que 700 mil almas entre milhões de afro-descendentes livres. Todavia, por conta dessa lei, a Princesa Isabel ficaria conhecida como a "redentora de uma raça".

A negação de qualquer base "natural" para a continuidade da escravidão no Brasil, fossem modernas teorias raciais ou antigos preconceitos senhoriais, consistiu, entretanto, no solo comum sobre o qual se alicerçou a luta contra a escravidão e contra a discriminação racial na sociedade brasileira do século passado. Alicerçadas numa matriz coerentemente informada pelo pensamento liberal, as lutas contra a escravidão e a discriminação racial no Brasil oitocentista interagiram sem se confundir. Nesse contexto, o "dilema da peteca" entre propriedade e liberdade configurou seus limites políticos à direita e à esquerda.

Após a extinção definitiva do tráfico africano, em 1850 — a grande batalha do liberalismo antiescravagista da primeira metade do século —, a gangorra em que se equilibrava o dilema entre propriedade e liberdade tendeu a pender a favor da liberdade, abrindo maiores possibilidades de engajamento na luta antiescravista das elites intelectuais afro-descendentes, sem perda dos lugares de prestígio duramente adquiridos por alguns. A crescente hegemonia dos paradigmas naturalista e do darwinismo social, especialmente após 1888, acabaria por relegar ao ostracismo a luta contra a discriminação racial durante o período monárquico, retendo na memória nacional apenas os intelectuais negros diretamente engajados na luta abolicionista, como André Rebouças, José do Patrocínio e, em alguma medida, o próprio Luís Gama.

A progressiva aceitação do conceito de raça e das teorias de superioridade e inferioridade raciais no pensamento social brasileiro dificultariam especialmente que homens como André Rebouças ou José do Patrocínio pudessem encarar de frente a questão da discriminação racial como, cada qual a seu modo, Antônio Rebouças e Luís Gama o fizeram. Discursos como os do Conselheiro e poesias como a de Luís Gama, sobre os "bodes" (designação pejorativa para os homens livres com ascendência africana), com a qual encerro este livro, são fios de uma meada de luta contra a discriminação racial no Brasil escravista que a memória social sobre o tema, construída a partir de 1870, praticamente conseguiu apagar.

Se negro sou, ou sou bode
Pouco importa. O que isto pode?
Bodes há de toda a casta,
Pois que a espécie é muito vasta...
Há cinzentos, há rajados,
Baios, pampas e malhados,
Bodes negros, *bodes brancos*,
E, sejamos todos francos,
Uns plebeus, e outros nobres,
Bodes ricos, bodes pobres,
Bodes sábios, importantes,
e também alguns tratantes...

Cronologia

1798 Conjuração Baiana ou Revolta dos Alfaiates (início em 10.8); nascimento de Antônio Pereira Rebouças (12.8).

1821-23 Rebouças obtém permissão para advogar na Bahia; Independência do Brasil (7.9.1822); fim das lutas de independência na Bahia; Rebouças recebe o título de Cavaleiro da Ordem do Cruzeiro.

1824-28 Outorgada por D. Pedro I a Constituição do Império do Brasil; Rebouças é nomeado secretário da província de Sergipe, demitindo-se (ou sendo demitido) no mesmo ano (1824). No ano seguinte, assume a direção do Partido Constitucional da Bahia; renovação do Tratado de Navegação entre o Brasil e a Inglaterra, que estabelece o limite de três anos para a extinção do tráfico negreiro para o país; Rebouças é eleito Conselheiro do Governo da Província e membro do Conselho Geral da Província da Bahia.

1830 Rebouças é eleito deputado pela província da Bahia; promulgação do código criminal; nascimento de Luís Gama.

1831 Abdicação de D. Pedro I; criação da guarda nacional; aprovação da primeira lei de extinção do tráfico, que declarava livres os escravos que viessem de fora do Império.

1840 Antecipação da maioridade de D. Pedro II; Luís Gama, vendido como escravo pelo pai, vai para o Rio de Janeiro e, de lá, para São Paulo.

1842 Derrota militar da Balaiada, no Maranhão; Rebouças é condecorado Oficial da Ordem do Cruzeiro e reeleito deputado pela província da Bahia.

1847 O decreto nº 466 declara Antônio Pereira Rebouças habilitado a advogar em todo o Império.

1850 Promulgação da Lei Euzébio de Queirós, extinguindo o tráfico negreiro para o Brasil (4.9).

1853 Decreto declarando que os africanos cujos serviços fossem arrematados por particulares ficavam emancipados depois de 14 anos; Luís Gama, já de posse de sua liberdade há alguns anos, torna-se amanuense da Secretaria de Polícia de São Paulo.

1859 Rebouças publica as *Observações à consolidação das leis civis de Augusto Teixeira de Freitas*, e Luís Gama, *As primeiras trovas burlescas de Getulino*.

1861 Rebouças recebe o título de Conselheiro do Imperador; início da Guerra de Secessão nos Estados Unidos.

1864-66 Promulgada lei concedendo emancipação a todos os africanos livres existentes no Império; fim da Guerra de Secessão, com a derrota dos estados escravistas; início da Guerra do Paraguai; Rebouças é nomeado advogado do Conselho de Estado; libertação dos escravos de nação e das ordens religiosas que quisessem servir na Guerra do Paraguai.

1868 Luís Gama funda, com outros dissidentes liberais, o Club Radical Paulistano, em protesto pela destituição de gabinete liberal emancipacionista.

1869 Luís Gama é demitido do emprego de amanuense da Força Pública de São Paulo. Provisionado solicitador de causas cíveis, passa a viver de suas atividades de rábula na cidade de São Paulo; aprovada lei que proibia os leilões públicos de escravos e a separação de casais e de pais e filhos.

1870 Fim da Guerra do Paraguai; fundação da Sociedade de Libertação e da Sociedade Emancipadora do Elemento Servil, no Rio de Janeiro; Manifesto Republicano (3.12); o Club Radical Paulistano se torna Club Republicano; publicação de *Recordações da vida parlamentar do advogado Antônio Pereira Rebouças. Moral, jurisprudência, política e liberdade constitucional.*

1871 Promulgação da Lei do Ventre Livre (28.9), libertando os nascituros, reconhecendo o direito dos escravos à autocompra e instituindo e tornando obrigatórios a matrícula geral dos escravos e um fundo para a emancipação gradual.

1873 Organização do Partido Republicano Paulista, com a participação de Luís Gama.

1879 Publicação de *Recordações da vida patriótica do advogado Rebouças.*

1880 Falecimento de Antônio Pereira Rebouças, depois de ter ficado cego em seus últimos anos de vida, no Rio de Janeiro; intensificação da campanha abolicionista na imprensa, com grande projeção política de Luís Gama na cidade de São Paulo.

1882 Falecimento de Luís Gama.

1885 Aprovada a Lei Saraiva Cotegipe (28.9), que "regulava a extinção gradual do elemento servil", com a libertação — mediante cinco anos de serviço — dos sexagenários; estabelecimento de um novo fundo de emancipação e nova matrícula, com previsão de complementar a emancipação total em treze anos.

1886 Abolição da pena de açoites para os crimes de escravos.

1887 Intensificação das fugas em massa dos escravos, inicialmente nas fazendas paulistas e depois também nas demais áreas cafeeiras, freqüentemente respondidas por alforrias coletivas por parte dos fazendeiros.

1888 Lei de abolição da escravidão no Brasil, sem indenização ou qualquer outra regulamentação.

Referências e fontes

p.10-11: As citações de Thomas Jefferson foram retiradas de suas *Notes on the State of Virginia*, escritas em 1781-82, citadas em inglês e traduzidas para o português por Larissa Moreira Viana, em *As dimensões da cor; um estudo do olhar norte-americano sobre as relações inter-étnicas. Rio de Janeiro, primeira metade do século XIX.* Dissertação de mestrado defendida no PPGH/UFF. Niterói, 1998, p.13-4.

p.14: Os dados sobre a evolução da legislação sobre o estatuto de pureza de sangue foram retirados de M. Luiza Tucci Carneiro, *Preconceito racial. Portugal e Brasil-colônia* (São Paulo, Brasiliense, 1988).

p.16: Todos os dados quantitativos relativos à população livre e escrava, bem como os relativos ao padrão de posse de escravos, no final do período colonial brasileiro, foram retirados de Stuart B. Schwartz, *Segredos internos. Engenhos e escravos na sociedade colonial* (São Paulo, Companhia das Letras, 1988) e de, também do mesmo autor, "The formation of a colonial identity in Brazil", in N. Canny e A. Pagden (orgs.), *Colonial Identity in the Atlantic World, 1500-1800* (Princeton,

Princeton UP, 1987) e "Brazilian ethnogenesis: mestiços, mamelucos e pardos", in *Le Nouveau Monde*. Paris, 1996.

p.19, entre outras: As referências mais gerais sobre a utilização de uma linguagem racial nas agitações de rua durante as lutas de independência foram retiradas de Gladys Sabina Ribeiro, *A liberdade em construção: identidade nacional e conflitos lusitanos no Primeiro Reinado*. Tese de doutoramento defendida no PPGH/ Unicamp. Campinas, 1997; e de João José Reis, "O jogo duro do Dois de Julho: o 'Partido Negro' na independência da Bahia" in J.J. Reis e E. Silva, *Negociação e conflito. A resistência negra no Brasil escravista* (São Paulo, Companhia das Letras, 1989).

p.20: Os jornais citados podem ser localizados na Seção de Periódicos da Biblioteca Nacional. Nos últimos anos, esses pasquins têm sido alvo do olhar de diferentes pesquisas, com as quais tomei contato para a elaboração deste livro: Christiane Laidler Souza, *Mentalidade escravista e abolicionismo entre os letrados da Corte (1808-1850)*. Dissertação de mestrado defendida no PPGH/UFF. Niterói, 1994; Larissa Moreira Viana, *As dimensões da cor; um estudo do olhar norte-americano sobre as relações inter-étnicas. Rio de Janeiro, primeira metade do século XIX*, op.cit.; e Ivana Stolze Lima, *A polissemia da mestiçagem. Identidade nacional e população urbana na formação do Estado Imperial*. Exame de qualificação de doutorado defendido no PPGH/UFF. Niterói, 1999.

p.31: Os levantes em Pernambuco contra o registro civil estão referidos no Relatório do Ministério do Império de 1851 (Rio de Janeiro, 1852), citado em Peter Eisemberg, *Modernização sem mudança. A indústria açucareira em Pernambuco, 1840-1910* (Rio de Janeiro, Paz e Terra; Campinas, Unicamp, 1977, p.213) e em Ivana Stolze Souza, op. cit., p.132.

p.24 e 28-9: As referências e citações sobre a Balaiada no Maranhão foram retiradas da tese de Mathias Rohrig Assunção, defendida na Alemanha e em processo de tradução para publicação em português. Para os aspectos aqui privilegiados, conferir, em inglês, o artigo "Elite politics and popular rebellion in the construction of post colonial order. The case of Maranhão, Brazil (1820-1841)", *Journal of Latin American Studies*, vol.31, I, fev/1999.

p.26: A citação de João Reis sobre a petição dos escravos da Cachoeira está em "O jogo duro do Dois de Julho", op.cit., p.93.

p.27: A citação do observador francês anônimo sobre o processo de independência foi também retirada do artigo já citado de João Reis, p.91.

p.31-2: As referências sobre a presença africana no Brasil na primeira metade do século XIX foram baseadas nos seguintes trabalhos: Stuart Schwartz, *Segredos internos*, op.cit., cap.17; João José Reis, *Rebelião escrava no Brasil* (São Paulo, Brasiliense, 1986); e Robert W. Slenes, "Malungo Ngoma vem! África coberta e descoberta no Brasil", *Revista USP*, n.12, p.48-67.

p.35-54: Sobre Antônio Pereira Rebouças, além das autobiografias e dos discursos parlamentares citados no texto, utilizei as referências sobre sua trajetória pessoal e intelectual disponíveis em Leo Spitzer, *Lives in Between. Assimilation and Marginality in Austria, Brazil, West Africa 1780-1945* (Cambridge, Cambridge UP, 1989) e em Keila Grinberg, "Em defesa da propriedade: Antônio Pereira Rebouças e a escravidão", *Afro-Ásia*, UFBa, n.21/22, 1999.

p.53: A referência ao "dilema da peteca" entre os direitos de propriedade e à liberdade está desenvolvida em Sidney Chalhoub, *Visões da liberdade. Uma história das últimas décadas da escravidão na Corte* (São Paulo, Companhia das Letras, 1990).

p.57: A citação ("miserável neto da rainha Jinga") encontra-se em *Sergipe. Apontamentos para a sua história*, 2 de dezembro de 1825. Seção de Manuscritos. Biblioteca Nacional apud Keila Grinberg, *Direito civil, escravidão e cidadania no tempo de Antônio Pereira Rebouças*. Material para exame de qualificação apresentado ao PPGH/UFF. Niterói, 1999.

p.57: Todas as referências à trajetória de Luís Gama foram retiradas de Elciene Azevedo, *Orfeu de carapinha. A trajetória de Luís Gama na imperial cidade de São Paulo* (Campinas, Unicamp, 1999).

Sugestões de leitura

• A abordagem proposta neste livro é uma elaboração bastante pessoal, baseada numa já antiga reflexão sobre o tema, ampliada pelo contato com inúmeras dissertações e teses recentemente concluídas ou ainda em desenvolvimento, preocupadas com períodos e temáticas afins — contato favorecido por minha condição de professora do Programa de Pós-Graduação em História da UFF. Recomendo, portanto e primeiramente, para aqueles realmente interessados no tema, uma leitura atenta da seção "Referências e fontes", onde esses trabalhos inéditos aparecem citados.

• Para um contato mais abrangente com as discussões historiográficas sobre o dilema entre liberalismo e escravidão no Brasil monárquico, os seguintes livros são referências essenciais: Emília Viotti da Costa, *Da monarquia à república* (São Paulo, LECH, 1979), especialmente caps.1 e 3; Roberto Schwartz, "As idéias fora do lugar" in *Ao vencedor as batatas* (São Paulo, Duas Cidades, 1977); Maria Sylvia de Carvalho Santos, "As idéias estão no lugar" in *Caderno Debates* (São Paulo, n.1, 1976); Wanderley Guilherme dos Santos, *Ordem burguesa e liberalismo político* (São Paulo, Duas Cidades, 1978); Paulo Mercadante, *A consciência conservadora no Brasil* (Rio de Janeiro, Nova Fronteira, 1985); Alfredo Bosi, "Escravidão entre dois liberalismos" in *Dialética da colonização* (São Paulo, Companhia das Letras, 1992).

• Para uma visão mais abrangente, do ponto de vista da formação do Estado Imperial, dos conflitos entre liberais e conservadores, são referências fundamentais: Ilmar R. de Mattos, *O tempo Saquarema: a formação do Estado Imperial* (São Paulo, Hucitec, 1990); *A construção da ordem: a elite política imperial* (Brasília, Ed. da UNB, 1980); e José Murilo de Carvalho, *Teatro de sombras: a política imperial* (São Paulo, Vértice, 1988).

• Para uma discussão sobre liberalismo, direitos civis e escravidão mais referida ao dia-a-dia de livres e escravos no Brasil oitocentista, recomendo, entre outros, Sidney Chalhoub, *Visões da liberdade. Uma história das últimas décadas da escravidão na Corte* (São Paulo, Companhia das Letras, 1990); Hebe Maria Mattos, *Das cores do silêncio. Significados da liberdade no sudeste escravista. Brasil, século XIX* (Rio de Janeiro, Nova Fronteira, 1998); Keila Grinberg, *Liberata. A lei da ambigüidade: as ações de liberdade da Corte de Apelação do Rio de Janeiro no século XIX* (Rio de Janeiro, Relume Dumará, 1994); e Elciene Azevedo, *Orfeu de carapinha. A trajetória de Luís Gama na imperial cidade de São Paulo* (Campinas, Unicamp, 1999).

• Sobre a construção da noção moderna de raça e sua incorporação pelo pensamento social brasileiro, o livro de Lilia Moritz Schwarcz, *O espetáculo das raças. Cientistas, instituições e questão racial no Brasil, 1870-1930* (São Paulo, Companhia das Letras, 1993) é a principal referência. Sobre o preconceito "racial" na legislação colonial portuguesa, o livro de Maria Luiza Tucci Carneiro, *Preconceito racial. Portugal e Brasil-Colônia* (São Paulo, Brasiliense, 1988) constitui consulta obrigatória. E sobre os significados sociais das designações étnicas e raciais no Brasil oitocentista, ver também a obra de minha autoria já citada nesta seção.

Sobre a autora

Sou formada em história pela UFF. Meu primeiro livro, *Ao sul da história: lavradores pobres na crise do trabalho escravo*, baseado em minha dissertação de mestrado, foi publicado em 1987 (Brasiliense), recebendo, dois anos depois, uma versão resumida em língua inglesa. Desde então, continuo meu trabalho de pesquisa como historiadora do Departamento de História da UFF, no qual também leciono. Publiquei diversos livros e artigos sobre história social do Brasil oitocentista, dentre os quais destaco *Resgate: uma janela para o oitocentos*, organizado com Eduardo Schnoor (TopBooks, 1985), e *Das cores do silêncio: significados da liberdade no sudeste escravista*, primeiro lugar do Prêmio Arquivo Nacional de Pesquisa, em 1993 (Arquivo Nacional, 1995; Nova Fronteira, 1998). Nos últimos anos, meus interesses de pesquisa têm tido como balizas mais gerais o estudo das relações entre memória, identidade, escravidão e cidadania no Brasil, em duas principais frentes de trabalho: os arquivos orais com entrevistas de descendentes de escravos e a trajetória de vida de Antônio Pereira Rebouças, que em grande medida inspirou este livro.

Coleção Descobrindo o Brasil

direção: Celso Castro

A modernização da imprensa (1970-2000)
Alzira Alves de Abreu

O Brasil no império português
Janaina Amado e Luiz Figueiredo

Os intelectuais da educação
Helena Bomeny

A era do rádio
Lia Calabre

A invenção do Exército brasileiro
A proclamação da República
Celso Castro

O Estado Novo
Maria Celina D'Araujo

A belle époque amazônica
Ana Maria Daou

O livro e a leitura no Brasil
Alessandra El Far

O pensamento nacionalista autoritário
Boris Fausto

Os índios antes do Brasil
Carlos Fausto

Os brasileiros e a Segunda Guerra Mundial
Francisco César Ferraz

Rebeliões no Brasil Colônia
Luciano Figueiredo

Palmares, ontem e hoje
Pedro P. Funari e Aline V. Carvalho

A arte rupestre no Brasil
Sambaqui: arqueologia do litoral brasileiro
Madu Gaspar

As formas do espaço brasileiro
Pedro Geiger

Cidadania e direitos do trabalho
Angela de Castro Gomes

Negros e política (1888-1937)
Flávio Gomes

Código Civil e cidadania
Keila Grinberg

Como falam os brasileiros
Yonne Leite e Dinah Callou

Uma viagem com Debret
Valéria Lima

O nascimento da imprensa brasileira
Isabel Lustosa

Escravidão e cidadania no Brasil monárquico
Hebe Maria Mattos

Os evangélicos
Clara Mafra

O sindicalismo brasileiro após 1930
Marcelo Badaró Mattos

O período das Regências (1831-1840)
Marco Morel

Da Bossa Nova à Tropicália
Santuza Cambraia Naves

Arqueologia da Amazônia
Eduardo Góes Neves

História do voto no Brasil
Jairo Nicolau

O Brasil dos imigrantes
Lucia Lippi Oliveira

Política externa brasileira
Leticia Pinheiro

Ditadura militar, esquerdas e sociedade
Daniel Aarão Reis

A Independência do Brasil
Iara Lis C. Souza

Partidos políticos no Brasil (1945-2000)
Rogerio Schmitt

O Império em procissão
Lilia Moritz Schwarcz

Modernismo e música brasileira
Elizabeth Travassos Lins

A fotografia no Império
Pedro Karp Vasquez

Brasil de todos os santos
Ronaldo Vainfas e Juliana Souza